Lila Prap

MEIN PAPA UND ICH!

Deutscher Text von Mathias Ospelt

NordSüd

Mein Papa ist der Allergrößte,
er ist so stark und so gescheit.
Wenn wir zusammen Fliegen spielen,
vergeht im Nu die Zeit.

Mein Papa, der ist mächtig dick,
ist tausend Kilo schwer.
Wir trampeln gern herum, bum, bum:
ich vorn, er hinterher.

Mein Papa, der ist riesengroß,
fast größer als ein Baum.
Und hält er mich, dann bin auch ich
sooo groß, man glaubt es kaum.

Mein Paps und ich sind Kängurus,
gern steigen wir aufs Bett.
Dann halten wir die Bäuche fest
und hüpfen um die Wett!

Am liebsten sitzt mein Paps im Bad,
weil ihn das munter macht.
Und komme ich dann – Plitsch! – dazu,
gibt´s eine Wasserschlacht!
Platsch!

Mein Paps ist elefantenstark,
kein Baum ist ihm zu schwer.
Und helf ich ihm auch noch – Hauruck! –
ist bald der Wald ganz leer.

Bin ich vom Turnen schlapp und müde,
sag ich zu Papa: „Bitte bücken!"
Dann klammre ich mich wie ein Äffchen
an seinen warmen Rücken.

Mein Papa mag es gerne langsam,
auch liebt er die Gemütlichkeit.
Drum lässt er sich von keinem stören:
Er nimmt sich für mich Zeit.

Mein Papa ist der Dschungelkönig.
Gar nichts und niemand kann ihn schrecken.
Sind wir zu zweit, dann zittern alle,
wenn wir wie wild die Zähne blecken:
Grrr!!

Mein Papa kennt die tollsten Spiele.
Am liebsten spielen wir Verstecken.
Wenn er nicht will, dann kann und kann ich
ihn einfach nirgendwo entdecken!
Huhuu, wo bist duu?

Mein Paps und ich sind spi-hi-hitze:
Wir sind zwei Lachhyänen!
Erzäh-hä-hälen wir uns Witze,
ku-hullern Trä-hä-hänen!

Mein Papa regt sich furchtbar auf,
wenn ich ihn frag: „Warum? Warum?“
„Warum“, sagt Papa Papagei,
„warum ist unser Schnabel krumm?“

So lange Paps nicht schlafen geht,
find ich auch keine Ruh.
Doch wenn ich eine Weile warte,
dann fall'n mir schon die Äuglein zu.
U-hu!

Mein Papa könnt den ganzen Tag
nur dösen, gähnen, schmatzen.
Dann kuschle ich mich fest an ihn,
in seine Faulpelz-Tatzen.

Wenn ich am Abend müde bin
und lieg im Bett ganz brav,
dann bringt mir Papa dieses Buch
und liest mich in den Schlaf.

Lektorat: Gerda Wurzenberger

Die Originalausgabe in slowenischer Sprache erschien
unter dem Titel *Moj Očka*

Typographie: Lila Prap · Druck: Proost N.V., Turnhout
Printed in Belgium · ISBN 978-3-314-01553-3

Besuchen Sie uns auch im Internet: www.nord-sued.com